Rocío Merchán Ortega

APULEYO EDICIONES   FOMENTO DE VALORES   CUENTOS ILUSTRADOS

El viaje emocionante de George

APULEYO EDICIONES   FOMENTO DE VALORES   CUENTOS ILUSTRADOS

PRÓLOGO

George, el dragón que no sabía escupir fuego porque desde pequeño se quemó la colita con una candela y desde entonces es su mayor miedo, no se siente querido ni aceptado por sus amigos dragones; así que un día hace las maletas y se va a descubrir mundo. Lo que no sabe es que en el camino se va a topar con numerosos personajes, cada uno con sus peculiaridades y características y eso hará que descubra algo de lo que jamás supo darse cuenta.

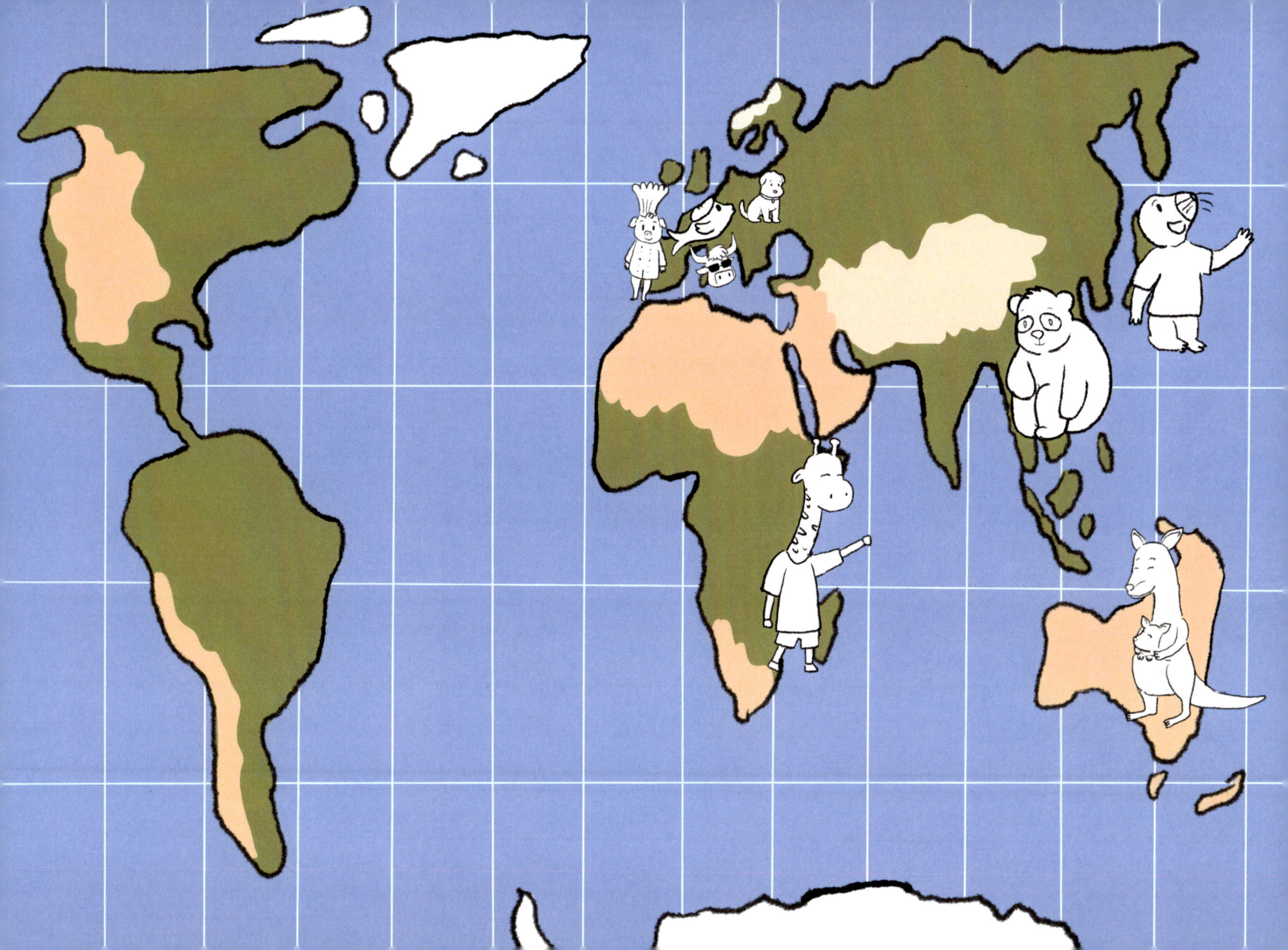

CAPÍTULO 1
Xete, el cerdo amante de los animales

Tras horas andando sin parar, por fin llegué a España, concretamente a una de las ciudades andaluzas con más encanto, Granada. Las temperaturas eran tan altas que pensé por un momento que mi cola se volvía a quemar. Además, tenía tanta hambre que me acordaba de aquellos platos de carne fresca que mi madre me preparaba.

Era tanto el deseo de comer que tenía alucinaciones, pero lamentablemente no eran alimentos que a mí me gustasen.

Las farolas eran largos espárragos, los coches berenjenas, las personas tenían cabezas de cebolla…, todo se había convertido en un alimento vegetariano. Pero yo odiaba las verduras y las frutas, así que seguí mi camino a toda prisa con la esperanza de encontrar algún lugar donde hicieran un gran filete de ternera o cerdo.

Asombrosamente no encontré nada, pero tenía tanta hambre que muy a mi pesar, entré en el primer restaurante que vi.

Río
Darro

Lo primero que vi al entrar fue un esbelto cerdo de lo más elegante con una gran coliflor en la cabeza. Agité la cabeza unos segundos y me froté los ojos para ver si aún seguía alucinando.

Un toro camarero se acercó para darme el menú y, como no entendía nada de lo que ponía y tenía tantísima hambre, eligí lo primero que vio en el menú.

Minutos después, un banquete de comida de lo más elaborada venía hacia la mesa.

Aquello tenía muy buena pinta, pero estaba troceado tan minuciosamente que no tenía ni idea de lo que estaba comiendo, aun así, me armé de valor y en menos que canta un gallo, me había comido todo lo que había en el plato.

Corriendo llamé al camarero, me moría por saber cuál era la receta, lo que sí estaba seguro es que nada de eso podía ser verdura o fruta.

En ese preciso momento, el cocinero cerdo se acercó y me dijo:

—Querido mío, creo que le ha gustado mi banquete vegetariano, ¿no?

—VEGETA… ¿QUÉ?

—Vegetariano, he dicho —continuó el cerdo—. Me asombra que no sepa que esto es un restaurante vegetariano. Soy un cerdo muy astuto, ¿cómo voy a dejar que mis clientes coman cerdo? De esa manera querrían comerme a mí y se quedarían sin cocinero...

Ese día, Xete me dio una gran lección, y es que las frutas y las verduras no estaban malas y no debía negarme a comer algo sin haber intentado probarlo antes.

Si al próximo capítulo quieres avanzar, estos retos tendrás que lograr.

— Inventa una receta secreta y que tus compañeros adivinen qué ingredientes contiene.

— Escribe una lista de 5 alimentos que te gusten y otros 5 que no te gusten. Añade diferentes ingredientes para que esos alimentos que no te gustan puedan encantarte.

CAPÍTULO 2
Lumière, el pez pintor; París, Francia

Siempre había deseado ir a París. Quizás no es el mejor sitio para viajar solo, por eso que dicen de que es la ciudad del amor. Pero bueno, yo no tenía otro

remedio y a menudo me había imaginado visitando la Torre Eiffel, el palacio de Versalles, los campos Elíseos, pero, sobre todo, me fascinaba ver a la gente pintar en las calles. ¿Sabéis por qué? De pequeño solía quedarme por las tardes con mi abuela Hydra, a ella le apasionaba pintar, y lo hacía bastante bien, yo siempre admiraba su talento.

Así que fui en busca del barrio Montmartre, también conocido por el barrio de los pintores, en honor a mi abuela.

Cuando estaba paseando por allí, me di cuenta de la cantidad de gente que compartía la misma afición. Pero, dentro de toda la multitud, me resultó muy curioso uno de los pintores que no parecía ser humano ni mucho menos. Me acerqué y tuve que frotarme

dos veces los ojos para ver si era real lo que estaba viendo. ¿Un pez pintando retratos dentro de una pecera? Y para colmo, ¡pintando con la boca! Si hubiera estado conmigo mi abuela Hydra se habría quedado sin llama.

Mi curiosidad y mis ganas de conocer a ese pintor eran tan inmensas que, en vez de ir corriendo hacia él, eché a volar a su dirección.

Y allí estaba él, dentro de su pecera silbando feliz mientras daba alegremente pinceladas con su boca. Jamás había visto un pez tan feliz dentro de una pecera. Pensaba que los peces querían ser libres y vivir dentro del mar, pero aquel pez tan colorido y brillante parecía estar la mar de feliz, nunca mejor dicho.

Como estaba mirándolo sin pestañear, el pez me preguntó si quería un retrato. Yo sonrojé y le asentí con la cabeza, sin saber muy bien si de verdad quería un retrato o no.

—*Bonjour, Monsieur.*

—Yo no sé hablar francés muy bien, señor.

—*Oh, la la*. No pasa nada, señor, yo hablar un poco español.

Tenía que preguntarle algo porque me moría de la curiosidad.

—¿Por qué vive dentro de una pecera?

—Oh…, monsieur, es una pecera para trabajar solamente, pues en el mar no hay barrios pintores como este. Además que ningún humano suele bajar por allí. Sin embargo, por aquí siempre está lleno de gente y la gente me trata muy bien.

—¿Y cómo aprendió a pintar con la boca? Tiene que ser muy difícil.

—Al principio lo fue, tuve que acostumbrarme…

El pez se puso un poco triste por un momento y siguió pintando.

No sabía si esa pregunta le iba a molestar, pero me armé de valor y se la hice:

—Pero ¿qué le pasó a tus aletas?

—Mmmm, ¿por qué le interesa tanto saber eso?

—Perdón si le molesto, pero es la primera vez que conozco a alguien así, aunque la verdad no somos tan diferentes… Yo no puedo escupir fuego… Al menos usted sabe pintar con otra parte de su cuerpo y la gente no se ríe de usted.

—Mira, siempre habrá gente que no le guste cómo eres, por envidia, por celos, por odio… Siempre habrá gente que te criticará y se reirá de ti, pero tu verdadero valor está dentro de tu corazón.

Si al próximo capítulo quieres avanzar, estos retos tendrás que lograr.

—Elige un compañero/a de clase o algún amigo/a o familiar y con un folio y un rotulador tendrás que dibujar lo que tu compañero/a dibuje en tu espalda. Luego comprobaréis los resultados.

—Pinta dictado: uno va dando instrucciones y el resto tiene que dibujar lo que se vaya diciendo. Luego se comprueban los parecidos. Quien se asemeje más al original es el ganador.

—Dibújate a tu yo del presente y tu yo del futuro. ¿Hay mucha diferencia? Escribe qué ha cambiado.

CAPÍTULO 3
La lealtad de Odín; Suiza

Son las 7 de la tarde, hace un frío insoportable… no sé si podré llegar a tiempo, ya no siento la colita ni mis patitas….

¡Oh, mira! Creo que ya veo la estación de tren de Horgen… ¿Pero qué es eso de ahí?

A lo lejos, vi a un hermoso y gran perro, su pelaje era brillante y parecía bastante cuidado, pero su cara reflejaba un sentimiento de pena increíble. Así que no pude evitar detenerme, aun sabiendo que si lo hacía iba a perder el tren.

Ese perro se llamaba Odín, era muy conocido en su barriada por su alegría, lealtad y fortaleza. Pero ese preciso día, Odín no se sentía alegre, le faltaba algo muy importante.

Entonces me acerqué a él y le pregunté:

—¿Qué te ocurre? ¿Por qué estás tan triste?

Horgen

—Estoy esperando.

—¿A quién? —preguntó George, muy intrigado.

—Pues a mi fiel amo...

—¿Y dónde ha ido?

—No lo sé... Pero sé que pronto volverá. Se le habrá olvidado algo y habrá ido a casa...,
pero....

—¿Qué?

—Hay algo que me confunde mucho... Me dijo adiós... y que lo sentía...

—¿Por qué crees que te dijo eso?

—No lo sé... Últimamente andaba muy ocupado... Tenía mucho trabajo y su mujer nos
ha dejado solos...; ella era muy buena, me quería mucho.

—¿Quieres que te acompañe a casa de tu amo?

—Está muy lejos... Sé ir andando..., me sé el camino de memoria, pero ¿y si nos vamos
y viene él? Va a quedarse muy preocupado.

—Pero aquí te morirás de frío y de hambre... Vamos..., seguro que se alegra de verte.

—Tienes razón, creo que es una buena idea. Vamos.

Abandonamos la estación de tren y fuimos camino a la ciudad donde vivía el amo de su nuevo amigo.

Como era invierno, hacía muchísimo frío, estaba muy poco acostumbrado a andar, por lo que era normal que me sintiera muy muy cansado.

Tras estar horas andando, finalmente llegamos a la casa, pero en ella no había nadie. Odín se sintió bastante perdido, pues no sabía vivir sin su amo...

Así que se quedó en uno de los jardines de detrás de la casa, tumbado, con la esperanza de que algún día todo volviera a la normalidad.

Le di mucho ánimo. Estaba contento de que, al menos, había ayudado a mi nuevo amigo Odín a llegar a casa de nuevo.

Si al próximo capítulo quieres avanzar, estos retos tendrás que lograr.

—Los estudiantes completan cómo podría ser su final una vez que George se ha marchado.

—Escribir una carta a quien echas de menos.

—¿Cuándo y dónde te sientes perdido o solo?

SE
VENDE

CAPÍTULO 4
El toro presumido

Mi próximo destino era Italia, siempre había querido ir a probar esa famosa pasta y a montarme en una góndola, y esta vez lo iba a hacer realidad.

¡Mamma mía!

Casualmente, cuando llegué a Milán, se inauguraba "la fashion week", para los italianos, la moda siempre ha sido algo bastante importante, pues los modistas más famosos eran italianos.

Yo nunca he tenido ni idea de moda, ya que en mi familia nunca hemos usado ropa, no nos hace falta, somos dragones. Aunque a veces, en invierno, mi abuela Hydra nos tejía un gorro de lana para no pasar frío. Mis hermanos siempre acababan quemándolos con sus llamas, así que la abuela dejó de hacerlos.

Siempre me había resultado curioso ver la ropa de los humanos. Usaban tantas cosas y cada día una diferente. ¡Qué barbaridad!

Así que decidí quedarme a ver el desfile de modelos, podría ser interesante.

Mientras estaba esperando a que comenzase, entre la multitud apareció un toro de lo más esbelto y sofisticado. Jamás en mi vida había visto un toro más moderno y delgado.

El toro vestía camisas de seda muy holgadas y un pantalón ceñido que estilizaba sus delgadas piernas. También llevaba unas grandes botas puntiagudas y unas gafas que parecían de adorno, pues se resbalaban hacia la punta de su larga nariz.

El toro se llamaba Valentino y parece ser que era uno de los más prestigiosos modistas de Milán.

No pude evitar acercarme a saludarlo.

Cuando me acerqué, me miró horrorizado y me dijo:

—¿Pero ¿qué hace usted aquí desnudo?

Llamó a uno de sus ayudantes y le cuchicheo al oído algo en italiano que no pude entender.

En un instante, su ayudante me entregó un traje de lo más elegante junto a una pajarita de color naranja y me dijo:

—*Ecco qui.*

Yo no entendí lo que dijo, pero por sus gestos pude entender que quería que me lo pusiera. Mientras me llevaban al camerino, unos hombres me miraban burlándose y riéndose.

Valentino, al ver eso, se acercó a ellos y les preguntó:

—¿Nunca habéis visto a un señor vestido con una elegante gala?

Los muchachos se sonrojaron sin saber qué decir, pero uno que tenía más cara que espalda, se acercó y dijo:

—Lo que me pregunto es qué hace un toro vestido con una blusa rosa de chica.

Valentino en ese momento bajó la mirada y empezó a recordar lo difícil que había sido para él desde muy pequeño mostrarse como era.

Podía ver cómo sus ojos se llenaban de lágrimas y de rabia. Pero no podía entender qué problema tenían esos muchachos con su blusa rosa, ¡pero si es lo más elegante que he visto nunca! Así que corriendo me puse el primer tutú que pillé por allí y me planté delante de los muchachos. Valentino, sin saber qué decir, me miró con asombro.

Los muchachos, sorprendidos por mi reacción, no comprendían lo que estaba pasando y de pronto, sin darme cuenta, se llenó todo el desfile de personas vestidas del mismo color que la blusa de Valentino.

Valentino, sin palabras, empezó a llorar de emoción. En ese momento comprendí que los actos eran mucho más importantes que las palabras y ese gesto fue algo que jamás nadie olvidará.

Si al próximo capítulo quieres avanzar, estos retos tendrás que lograr.

—Diseña un traje para el toro presumido.

—Reflexiona. ¿Alguna vez se han reído de ti por la ropa que llevabas?

—Dibuja tu ropa favorita y la que te haga sentir la persona más guay del universo.

CAPÍTULO 5
El pájaro de algodón de azúcar

Era una tarde de verano y empecé a recordar cuando paseaba con mi madre de pequeño por la feria del pueblo. La feria no era muy grande, pero alucinaba al ver tantas luces y tantos dragones de mi edad. Siempre iba de la mano porque era muy pequeño y me perdía con gran facilidad.

Siempre le pedía a mi madre algodón de azúcar, pero nunca me lo compraba, pues tenía muchos hijos/as y no tenía dinero suficiente para pagarlo.

Yo era pequeño y no lo entendía, así que siempre acababa un poco enfurruñado con ella, aunque, después, con el cansancio, se me pasaba el enfado y me quedaba frito en la cama. ¡Qué recuerdos!

Tenía tantas ganas de probar algodón de azúcar... Alguna vez pensé que sería como comerse una nube grande del cielo.

En ese preciso momento, sin esperarlo, paró una especie de pájaro y se posó en un árbol.

El tronco del árbol parecía de chocolate negro y las ramas parecían como de hojaldre.

Me froté dos veces los ojos y pensé que tal era mi antojo que todo lo que veía era algo dulce.

—Debo estar soñando.

Pero, de pronto, el pájaro en forma de algodón de azúcar empezó a hablarme.

—¿Quieres probar un poquito de algodón? Me ha parecido que alguien se le estaba antojando un poquito.

Me quedé un poco extrañado y tampoco me fiaba mucho del pájaro. ¿Y si me estaba engañando para envenenarme?

Mi madre siempre me advertía que nunca me fiara de nadie que no conociese.

Pero sentía tanta hambre y tenía tanto antojo que finalmente cogí un poquito de su ala.

Cuando empecé a probar, no podía parar y el pájaro cada vez iba perdiendo más y más fuerza.

—¿Qué te pasa? —le pregunté.

—Si me sigues comiendo desapareceré. Pero no te preocupes por mí —respondió.

Apenado por ver lo que había hecho, paré de comer y el pájaro agradeció amablemente que, a pesar de gustarme el algodón de azúcar, me importara más salvarle la vida.

Ahí comprendí que a veces hay que pensar más en los demás que en uno mismo.

Si al próximo capítulo quieres avanzar, estos retos tendrás que lograr.

—Crea tu postre ideal, puedes mezclar diferentes sabores e ingredientes.

—Haz una lista de comida que te gusta y comida que no te gusta.

—Entrevista a tu compañero/a para saber cuál es su comida favorita. Luego comunícalo al resto del grupo.

CAPÍTULO 6
La jirafa de patas cortas

La próxima parada era TANZANIA, no sé si lo sabéis, pero es un país situado en la costa este de África Central, posee aproximadamente el 29% de especies de grandes mamíferos de África y uno de ellos es la Jirafa.

Siempre me habían fascinado las jirafas por su gran cuello y delgadas patas. ¡Además, su lengua puede llegar a medir hasta 50 centímetros! Y no solo la usan para alcanzar la comida que se encuentra en la copa de los árboles, sino que también para limpiar sus orejas, sí, sí…, para escuchar mejor.

Así que no me quería ir de Tanzania sin encontrarme con una Jirafa.

Un día, mientras paseaba por la sabana, me di cuenta que había una competición de atletismo en la que participaban una gran variedad de animales: cebras, leones, antílopes, búfalos y, entre muchos más, también una jirafa. Pero no una jirafa cualquiera, una jirafa con cuello corto y patitas muy pequeñas.

Me puse como loco y volé hasta allí sin que nadie me viese, pues temía que me echaran de allí y perderme la competición.

Desde la copa de un árbol se escuchó a un tucán cómo daba las instrucciones de la carrera y la verdad que no eran muy justas, puesto que no todos tenían las mismas habilidades.

Tras eso, el tucán dio la señal, todos empezaron a correr con todas sus fuerzas. Era muy emocionante, pues era muy difícil saber quién iba a ganar. ¡ERAN TODOS SORPRENDEMENTE RÁPIDOS!

Pero, de pronto, la jirafa se tropezó con una piedra que había por su camino y se cayó.

Las otras jirafas amigas estaban preocupadas, pues ella odiaba perder las carreras, era la más rápida de toda Tanzania.

La jirafa, a pesar de su caída, se levantó y retomó la marcha. El resto de los animales iban muy adelantados, pero la jirafa tenía tantos deseos de ganar la carrera que siguió y siguió hasta alcanzar el mismo ritmo que una cebra. La cebra le puso la pata para que se tropezase y volvió a caerse.

Esta vez, la jirafa se sintió tan humillada y dolida que se salió de la pista de carreras.

Toda su familia fue a consolarla, pero ella se sentía demasiado triste y rabiosa.

Se le oía decir:

—¡Estas patas no me sirven para nada! ¡Son cortas y gordas!

En ese momento no pude evitar acercarme a ella y decirle que adoraba las jirafas desde que era un bebe dragón.

La jirafa, extrañada, me lo agradeció y me preguntó:

—Pero ¿quién eres tú? ¡No existen dragones en Tanzania!

Así que le expliqué por qué iba viajando solo de país en país, de continente a continente.

Y, sin esperarlo, la jirafa se acercó a mí y me abrazó, mientras me decía:

—Eres muy valiente, y no te preocupes por no saber escupir fuego, lo lograrás, como yo he logrado muchas veces ganar esta carrera. No siempre vamos a lograrlo, pero debemos de intentarlo. Como me dijo mi madre una vez: "A veces se gana y otras se aprende".

Si al próximo capítulo quieres avanzar, estos retos tendrás que lograr.

—Haz una lista de talentos que creas que tienes.

—¿Cuál ha sido tu mayor logro?

—¿Qué cosas te hubieran gustado hacer y no las hiciste por miedo a no hacerlas bien?

CAPÍTULO 7
El topo Manolo

La música siempre había sido algo de admirar para mí. Pues en casa nunca se escuchaba, a mi madre le ponía tan nerviosa que cuando la escuchaba le salía fuego por la boca.

A mí me hacía bailar, me sentía libre y me daban ganas de volar por todo el mundo.

Lo que no me podía imaginar es lo que este viaje me iba a deparar aquí. Quizás no era el sitio más conocido por la música, pero sí era conocido por Manolo, el topo; el topo español, nunca mejor dicho porque tenía su estudio de música bajo tierra, desde muy pequeño vivía en tierras japonesas.

Él estaba la mar de feliz, pues allí a nadie molestaba y se tiraba horas y horas enganchado a la guitarra, componiendo temas y cantando.

Se tiraba tanto tiempo bajo tierra que a veces olvidaba que no estaba solo en el mundo.

Él tenía un grupo que se llamaba "El Gran Túnel"; tocaban música de todo tipo, pero,

sobre todo, indie y rock. Yo no podía imaginarlo, pero allí acabé, bajo tierra, gracias a un topo que iba al concierto.

¡Jamás había ido a un concierto! ¡Y menos bajo tierra!

Era impresionante cómo retumbaba toda la tierra cada vez que conectaba el amplificador de la guitarra o tocaba la batería.

Ese día me di cuenta de que no necesitabas ser muy famoso para ser bueno en algo.

A veces existían grandes músicos y artistas que no eran conocidos y precisamente no vivían en lujosas casas. Pero eran felices haciendo lo que de verdad les gustaba.

Si al próximo capítulo quieres avanzar, estos retos tendrás que lograr.

—Cuenta a tu compañero/a cuál es tu canción favorita.

—¿Qué canciones te producen felicidad? ¿Qué canciones te producen tristeza?

—Imagina que eres un cantante y tienes que inventar una canción. ¿Te atreverías?

CAPÍTULO 8

Ale, el panda adicto a las tecnologías

Jamás pude entender cómo la gente andaba todo el día pegada a un móvil.

Ese aparato no tenía sentido para mí, ni siquiera sé para qué se utiliza, pero la gente no para de mirarlo, tocarlo... ¡Hasta hablan con ellos!

Jamás he oído hablar a un móvil, tan bueno no será cuando no puede contestarte.

Cuando llegué a China, la mayoría de las personas andaban con mucha prisa, serios, tristes y con un móvil en las manos.

A lo lejos, en un parque muy grande que había, vi a un oso panda de lo más peculiar, tenía muy mal aspecto y ¿a que no sabes qué? ¡Tenía un móvil en sus manos! No paraba de sonar un "beep, beep, beep, beep" y él se sentía como agobiado sin parar de escribir.

Después de tantos encuentros con diferentes animales, me armé de valor y le pregunté:

—Oye... ¿estás bien?

—No, déjame en paz —me contestó.

—Pues no parece que te deje en paz el móvil.

Levantó la cabeza por un momento y exclamó:

—¡Estoy harto de este cacharro, no para de sonar, día, tarde y noche...!

—¿Y por qué no dejas de usarlo y empiezas a relacionarte con pandas como tú?

Ale paró un segundo y se quedó mirando a su alrededor la cara del resto de las personas; estaban tristes, preocupados, no disfrutaban de lo que tenían a su alrededor. Se estaban perdiendo a los pájaros cantar, a las ranas croar, a los perros ladrar...

Después de unos minutos, Ale me contestó y por un momento su rostro no pareció el mismo:

—Gracias, creo que me has hecho reflexionar. Llevo mucho tiempo preocupado por estos mensajes, tanto, que no estoy disfrutando del resto de cosas. Voy solo a contestar cuando me apetezca. Pero necesito andar, correr y tumbarme al sol. Además, hace tiempo que no veo a mis hermanos, solo hablamos por teléfono.

¡Riiing!
¡Brum!
¡Zup!

Respiré tranquilo y dije:

—Me alegro haberte ayudado, este viaje está siendo muy interesante.

Si al próximo capítulo quieres avanzar, estos retos tendrás que lograr.

—¿Qué sueles hacer en tu tiempo libre? Pregunta a tu familia o algún compañero/a.

—¿Sueles jugar a videojuegos o usas mucho el ordenador?

—Busca alternativas para jugar fuera de casa sin necesidad de usar las tecnologías.

CAPÍTULO 9
Mamá Kora

Australia era mi última parada, allí me esperaba mi madre, pues le daba miedo que volviera solo después de tanto viaje.

Siempre me había cuidado mucho, desde que me quemé la colita no me quitaba ojo. Yo siempre le decía: "Mami, que estoy bien. No te preocupes por mí".

Pero ella siempre se preocupaba, ya sabes cómo son las madres.

Siempre que iba con mis amigos y se hacía un poco tarde, se quedaba esperando en el sofá de la casa, con los ojos como platos y mirando el reloj, pues no podía dormir hasta que yo no llegaba por la puerta.

"Cosas de madres", pensaba. Pero nunca iba a saber cómo ella se sentía, pues yo no tenía hijos, tan solo tenía 8 años.

Así que, cuando llegaba, le daba un fuerte achuchón y le decía: "Sano y salvo, mamá".

Ella me esbozaba una sonrisa y con un cálido abrazo me decía: "Venga, y ahora a dormir".

En Australia, mientras esperaba a mi madre en el aeropuerto, pude ver algo que me recordó mucho a mi madre.

Era una canguro, que al parecer se llamaba Kora por lo que pude oír, ella no dejaba a su hijo ni un segundo. Le daba de comer, le mecía, le leía cuentos, no le dejaba que se separase ni cinco centímetros.

El pobre niño estaba tan asustado que él mismo ya no quería salir, pues pensaba que el exterior era un lugar peligroso.

Así que se me ocurrió la idea de acercarme a hablar con él, con mucho cuidado para que la madre tampoco se asustase, pues yo, al fin y al cabo, era un dragón.

Justo cuando me acerqué, Kora agarró fuertemente a su hijo y dijo al oído de él:

—Ni se te ocurra moverte.

A lo que yo le contesté:

—No se preocupe, solo quiero saludar a su hijo, pues creo que está asustado y no tiene por qué tener miedo.

Kora fue soltándole poco a poco, ya que su hijo quería acercarse a mí a saludar. Fue justo en ese momento cuando el hijo salió de la bolsa de su madre y sus patitas pisaron el suelo.

Parecía como la primera vez que hacía algo así. Kora, horrorizada, no sabía qué hacer, pues tenía miedo a que cogiera cualquier enfermedad o que yo le atacase.

Pero, de repente, se me ocurrió decirle al pequeño que me enseñara a saltar, pues yo solo sabía volar y muy bajo.

El pequeño me dijo que él tampoco sabía, así que lo intentó y pegó un pequeño saltito y yo, al lado de él, también lo intenté.

Fue un simple gesto, pero lo suficiente para que el pequeño no sintiera miedo.

Entonces, Kora, su madre, sintió que debía dejar a su hijo jugar y estuvo mirando desde una distancia cercana cómo jugábamos.

Después de eso, me tuve que separar de él, pues de pronto escuché una voz dulce de lo más familiar:

—George, hijo mío, que te he echado de menos.

En ese momento, mis lágrimas cayeron, pues, aunque me gustaba ser independiente y viajar por el mundo, el amor cálido de mi madre era mi mayor regalo.

Si al próximo capítulo quieres avanzar, estos retos tendrás que lograr.

—Dibuja a tu familia.

—¿Sueles ayudar en las tareas de casa?

—Cuenta alguna anécdota divertida con tu familia.

© Rocío Merchán Ortega (de la obra)

©Apuleyo Ediciones (de esta edición)

Primera edición en Apuleyo Ediciones: octubre 2024

Diseño de cubierta: Ernesto Pérez Martínez

Corrección: Aitor Andreu Guerrero

Maquetación: Sofía Corzo González

Ilustraciones: Laura Corredor

Coordinación editorial: Isidoro Cidre González

info@apuleyoediciones.com

www.apuleyoediciones.com

ISBN: 978-84-1060-303-5

Depósito legal: H 329-2024

Hecho e impreso en España.